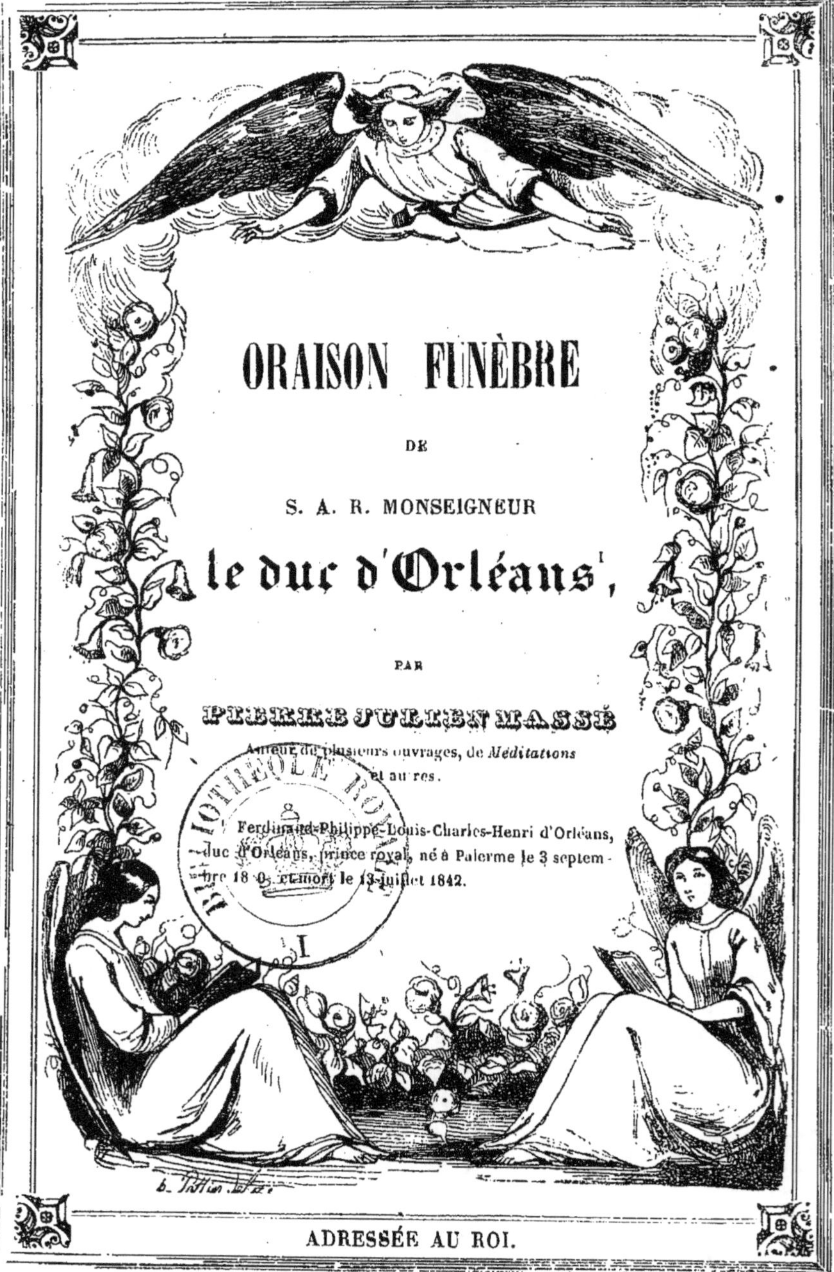
ORAISON FUNÈBRE

DE

S. A. R. MONSEIGNEUR

le duc d'Orléans,

PAR

PIERRE JULIEN MASSÉ

Auteur de plusieurs ouvrages, de Méditations
et autres.

Ferdinand-Philippe-Louis-Charles-Henri d'Orléans,
duc d'Orléans, prince royal, né à Palerme le 3 septembre 18.., et mort le 13 juillet 1842.

ADRESSÉE AU ROI.

1843

« Non, après ce que nous venons de voir, la santé
» n'est qu'un nom, la vie n'est qu'un songe. »
BOSSUET.

Je m'adresse à tous les Français qui ont le cœur et l'âme sensibles ; qu'ils m'écoutent et qu'ils me jugent ! Éloigné de près de vingt lieues de la capitale et vivant presque en solitaire, aucune Oraison funèbre sur la mort de notre très-haut, très-puissant et très-excellent Prince royal n'est venue jusqu'à moi. J'entreprends donc de rendre un dernier hommage à sa mémoire ; si je suis devancé, et que cette pièce soit plus faible que les autres, je ne l'aurai pas moins dictée avec abondance de cœur et selon les lois de ma conscience ; et les meilleures excuses que je puisse donner seront toujours dans la pureté de mes intentions.

Imprimerie DONDEY-DUPRÉ, rue Saint-Louis, 46, au Marais.

ORAISON FUNÈBRE

DE

S. A. R. MONSEIGNEUR

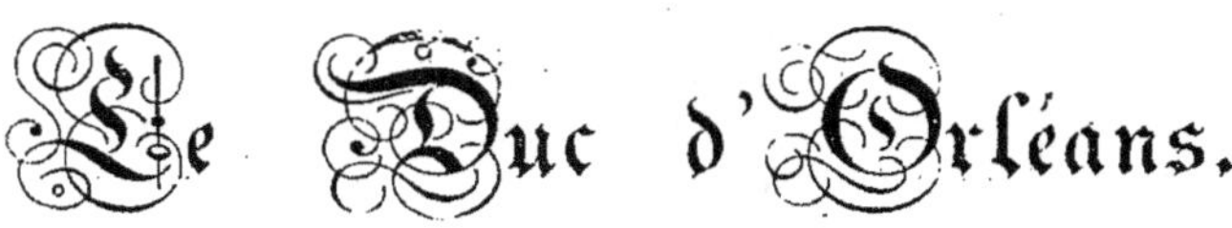

> *Non contristemini sicut et cœteri qui spem non habent.*
>
> Ne vous affligez pas comme ceux qui n'ont point d'espérance.
>
> SAINT PAUL, *Épît. aux Thessalon.* ch. IV, v. 12,

MESSIEURS,

Pourquoi loin des grandes villes la plume savante n'a-t-elle pas retracé l'histoire de notre prince, ravi si soudainement à nos vœux? Beaux génies de France, notre Prince ne vous chérissait-il pas? Qu'attendez-vous donc pour redire à la terre une perte si sensible?

Eh quoi ! la douleur qui vous oppresse éloigne tous vos désirs enflammés ! Pourquoi verrais-je seul dans le silence pleurer une mère si bonne, une épouse si chérie, une famille si aimée, et quelques amis au loin dispersés? Pourquoi les soupirs des Français et ceux de ces généreux compagnons d'armes qu'il laissa sur le sol brûlant de l'Afrique? Quel que soit donc le sujet qui vous arrête, grands génies, souffrez que moi, humble habitant de province, âme vulgaire, mais sensible, souffrez que du fond du cœur je dise aux enfants de la France : Je pleure un prince que j'aimai, et pour le prouver à sa famille vénérée, je veux l'exposer aux yeux de tous mes concitoyens.

Dieu nous a révélé que lui seul tient entre ses mains les destinées des souverains et de tous les peuples. Gardons-nous de lui en demander compte, messieurs ; ses lumières et ses fins surpassent notre intelligence; lui seul a droit à nos actions, sans que nous puissions le comprendre ; pleurons-le donc, il ne nous le défend pas.

Pleurons un prince chéri qui était né pour se faire des amis et des sujets heureux; mais que ce soit en vrais chrétiens. A tous la religion vient nous dire : *Non contristemini sicut et cœteri qui spem non habent.* Le prince que nous regrettons aujourd'hui, nous le reverrons un jour. En attendant, prions pour lui, songeons à nos pères et vivons pour Dieu ; car la foi nous révèle encore ces sages maximes : craignons Dieu et gardons ses commandements, voilà tout; homme! sache-le bien, un jour le Seigneur déposera toutes tes actions dans la céleste balance où se sont déjà pesées tant de fois toutes celles de tes frères.

Tandis que toute la terre se plaît à reproduire tout en abondance, et que le ciel lui-même semble accorder nos plus pressants désirs, un bruit comme la foudre se fait entendre dans tout l'univers, et au milieu de ce bruit affreux, on entend redire de toute part : Un prince est blessé! un prince se meurt! le prince est mort ! Et quel prince est-ce? Grand Dieu ! le duc d'Orléans! L'héritier présomptif de la couronne..... le fils auguste d'un souverain doit attirer l'attention de ses sujets, et celui que la France vient de perdre doit attirer la nôtre, messieurs, et nous pleurons ; mais ces pleurs ne nous le rendront point ; une plainte et un regret se sont fait entendre dans toutes les bouches, et beaucoup se plaignant n'ont pas compris, un seul instant, ce qu'ils avaient perdu. D'autres, hélas ! affectant une vaine douleur et comprenant mieux la perte irréparable que venait de faire la France, ont suspendu leurs fêtes et leurs réjouissances ; et leur cœur, insensible à cette terrible épreuve, n'a souffert que de leurs plaisirs interrompus. Il n'y a que l'homme vraiment bon et humain qui ait gémi et qui partage encore les souffrances qu'éprouve la famille royale.

L'idée de voir toute une famille en deuil a tant d'empire sur son âme, qu'il croit voir une jeune veuve [1] éplorée sur les mânes de son malheureux époux.

Il l'entend exprimer ses regrets et adresser ses prières au ciel. En effet, messieurs, et qui peut en ce moment égaler la perte douloureuse que nous venons

[1] La princesse Hélène de Mecklembourg-Schwerin.

de faire ? celui qui devait un jour nous gouverner, celui qui devait prendre les rênes de l'état en avait reçu de Dieu toutes les dispositions nécessaires. Jeune, lorsqu'il était au collége royal, combien de fois ne se signala-t-il pas par des actes généreux [1] Doux, humble

[1] A cette occasion, je citerai un fait entre mille. Lorsque le jeune prince était en quatrième, les premières places lui étaient souvent disputées, et quelquefois avec succès, par le jeune L***, fils d'un petit commerçant peu aisé. Un jour de composition, L***, les larmes aux yeux, dit à son rival : « D'Orléans, ce ne sera plus moi, désormais qui vous empêcherai d'être le premier. — Pourquoi donc, mon ami ? Nous combattons d'ordinaire à armes égales, et vainqueur ou vaincu, vous n'en êtes pas moins pour moi un bon camarade que j'aime de tout mon cœur. — Et moi aussi je vous aime ; et je me trouvais bien heureux ici ; mais je vais en sortir Mon père n'a payé ma pension jusqu'ici qu'en s'imposant les plus dures privations ; maintenant quelles ne suffisent plus pour combler le déficit... je ne finirai pas mes études. »

De grosses larmes roulaient sur les joues du pauvre enfant pendant qu'il parlait. Le prince lui prenant affectueusement les mains : lui dit : « Vous finirez vos études, mon cher L*** ; l'argent que l'on me donne pour mes menus plaisirs peut suffire à payer votre pension ; et à quoi puis-je mieux l'employer qu'à conserver un camarade aux efforts duquel je dois mes succès ? .... Vous resterez ici, mon ami, fallût-il pour cela un ordre exprès du roi !... Mais il suffira, je l'espère, que vous me fassiez parler à votre père : cela ainsi restera entre nous, et n'en vaudra que mieux. »

Le fils du pauvre commerçant resta au collége, et cette belle action serait restée ignorée, si la reconnaissance n'avait poussé le jeune L*** à la proclamer.

et patient envers ses camarades, il jouait avec eux, et oubliait qu'il était sorti d'un sang aussi noble qu'illustre! loin d'avoir une âme orgueilleuse et flétrie par la grandeur, il écoutait ses professeurs avec un respectueux silence et aidait de ses conseils les élèves qui étaient au-dessous de lui. Sortait-il en promenade : si un malheureux lui tendait la main, avec quel empressement il en était accueilli! sa bourse était toujours ouverte pour les indigents, et jamais on ne le vit repousser avec dédain la classe laborieuse. Ami vrai des beaux-arts et de notre belle littérature, qu'il protégeait, on le vit souvent visiter les ateliers et l'artiste de la mansarde, et encourager ainsi tour à tour l'écrivain et le pauvre prolétaire. Ce ne sont point, messieurs, des éloges que je viens rendre à sa mémoire ; non, ne le croyez point ; ce ne sont que les précieuses vertus qui l'honoraient, et dont la plus petite, devant Dieu, est plus grande que le titre qu'il portait.

Et qui de vous ne l'a pas connu, qui de vous ne l'a pas rencontré quelquefois dans les principaux quartiers de la capitale? Quel air grave et majestueux régnait dans toute sa personne! on eût dit que le ciel s'était plu à réunir tout en lui ; mais si Dieu avait placé dans le cœur de ce jeune prince toutes ces qualités qui l'honoraient, il avait su aussi l'orner d'un juste discernement et de l'intelligence la plus profonde.

Ennemi du mensonge et de la plus sotte vanité, il reçut, comme tant d'autres princes, le vil encens que prodiguent les flatteurs. Attaché par le sang au char de la fortune, il se vit entouré plus d'une fois de nombreux solliciteurs, et là, revêtu de ses habits couverts d'or, il les voyait ramper et mendier tristement la plus légère des faveurs ; ayant l'âme trop grande pour refuser, il accordait assez souvent à leur désirs et ne se méprenait point sur les fausses louanges avec lesquelles on les lui demandait.

Il était doux, généreux, humble et patient. J'ai déjà exprimé ses rares qualités, qui sont peu communes chez l'homme ; mais il était bien plus que cela, messieurs, car à d'aussi belles vertus il réunissait encore le titre d'un grand capitaine, ou plutôt d'un vrai soldat. Une plume mieux exercée que la mienne rappellerait ici ses beaux faits d'armes; mais ils vous sont assez connus; son intrépidité égala toujours celle de nos braves, et le fer et le feu n'ébranlèrent jamais sa vaillance et son courage.

On eût pu dire de lui , ces vers, à l'instant même qu'il combattait [1] :

. . . .

. . . .

Ce n'est point le dieu Mars qu'on voit à la bataille ;

C'est son fils bien-aimé , affrontant la mitraille.

C'est un prince, un soldat, conduit par sa valeur,

Qui porte dans les rangs la mort et la terreur.

Oui, la terreur, messieurs ; la foudre roulant avec fracas dans l'immensité, par un ciel chargé d'orages,

[1] Au siége d'Anvers.

En 1839, le prince partit pour l'Algérie. Le 14 septembre, il arriva à Perpignan, le 22 à Oran, et le 27 à Alger Le 6 octobre, il quittait Alger pour se rendre dans la province de Constantine Le prince voulant prendre part aux travaux et aux fatigues de l'armée, comme il s'était autrefois associé à ses dangers, il demanda un commandement dans cette expédition. Le 17 octobre, il était à Millah, et quatre jours après devant Sétif, où il séjourna jusqu'au 28 ; le 26, il passa la chaîne de l'Atlas dite les Portes de Fer ; le 28, après s'être dirigé sur le Biban, il franchissait ces montagnes, regardées depuis des siècles comme inaccessibles. Le 30, à la tête de sa division, il combattait Achmet-ben-Salem, et lui enlevait le fort Hamza ; le 31, il culbuta les Arabes de la tribu de Bem-Zaad, et enfin, le 1er novembre, après avoir pénétré à travers les balles des Arabes dans le massif de l'Atlas qui touche au mont Ammal, il passa l'Oued-Kaddura, et vint s'établir sous le canon du camp de Foudouk.

Le lendemain 2, le duc d'Orléans rentrait triomphant à Alger à la tête de ses troupes.

et la mer agitée jusqu'au fond de ses plus noirs abîmes, est encore loin d'égaler la terreur qu'inspiraient ses soldats qui faisaient vomir la mitraille. Au premier signal du carnage, ces mêmes soldats, inspirés par la voix d'un aussi jeune et aussi grand capitaine, n'étaient avides que de sang, leurs dards altérés brûlaient de se plonger dans le cœur de leurs victimes, la terre tremblait, l'airain frémissait. La mort, la mort même semblait de son souffle empoisonner nos ennemis combattants, et les cris des blessés et des mourants, jonchés de distance en distance, ne faisaient qu'augmenter l'ardeur de ces guerriers intrépides.

C'était à ce champ de carnage et d'honneur à la fois, où nous vîmes briller ses armes; c'est là qu'il soutint avec un héroïque courage la digne valeur de ses ancêtres, et après avoir combattu courageusement, après, dis-je, avoir vu tomber à ses côtés et devant lui des milliers d'hommes saccagés par le fer, son plus grand bonheur, sa plus douce satisfaction, son plus ardent désir, était de tâcher de faire rappeler à la vie tous ceux qui respiraient encore. Avec quel sang-froid et avec quelle présence d'esprit on le voyait s'ouvrir un chemin au milieu des cadavres, tout en recommandant avec douceur qu'on leur prodiguât des secours ! Il allait auprès de plusieurs, les regardait, les questionnait, leur demandait quelles étaient leurs blessures, puis, leur tendant une main bienveillante et amie, il les encourageait et les exhortait d'implorer les bienfaits de la Providence. Pauvre prince ! il ignorait alors qu'échappant à une mort funeste et belliqueuse, une autre plus cruelle l'attendait.

Celui de qui nous tenons tous l'existence, celui dont la divine lumière vient échauffer mon cœur et éclairer mon esprit ; celui, enfin, qui tient entre ses mains les destinées des rois et de tous leurs sujets, ne permit pas, messieurs, qu'une tête aussi chère nous fût enlevée au moment d'une telle expédition ; peut-être n'eussions-nous pas eu un aussi brillant succès. Il voulut que le fils de notre monarque revînt dans sa patrie tout resplendissant de gloire, parce que la joie, le bonheur et l'innocence l'y attendaient ; mais sous un de ces voiles funèbres dont le tissu était imperceptible à tous mortels. Il revint donc triomphant dans sa patrie ; son retour annoncé mit toute la France dans une bruyante allégresse ; partout on le proclamait le prince du peuple, le prince généreux, et nos jeunes soldats se faisaient fête et ne désiraient marcher que sous ses immortels drapeaux !

Quant à notre prince, messieurs, jaloux de se signaler dans la carrière des armes, il ne se reposait au milieu de sa famille que pour reprendre un peu plus tard ses soldats et marcher ainsi de conquêtes en conquêtes.

Il était guerrier, nous disent ceux qui l'ont accompagné dans ses campagnes. Oui, il l'était, et sans ambition, et sans aimer à faire la guerre ; il l'eût sans doute toujours préférée, plutôt que d'acheter la paix à des conditions basses et honteuses ; car son âme grande et ennoblie de vertus s'était plu longtemps à se nourrir des saintes Écritures, et apprit par ses plus sages maximes à ne combattre qu'en consultant la force et la raison.

Combien aima-t-il de fois à relire et à méditer les doctes pages des David et des Salomon ! c'était dans ces courtes mais pieuses méditations qu'il reconnaissait combien il était beau de ne pas froisser son semblable, et qu'il était grand et sublime à la fois de le soulager.

C'était dans la religion, dans le sein de cette mère consolatrice qu'il aimait à puiser les trésors de la divine sagesse. Et quelles richesses, d'ailleurs, n'offre-t-elle point à l'âme avide des tendres émotions ! N'est-ce pas de son sein que l'on vit sortir tous nos plus grands hommes ? N'est-ce pas dans les saintes Écritures que le riche trouve avec quelle douceur il doit user de ses biens, et avec quelle résignation le pauvre doit supporter son infortune ? A plus forte raison, combien ne dut-elle pas exercer un influent empire sur l'âme de notre prince, lui si grand et si généreux, lui qui pouvait espérer d'arriver un jour au souverain pouvoir ! S'il y fût arrivé, il n'eût point fait abus comme de ces souverains impies, qui, pendant le cours de leur existence, foulèrent aux pieds nos sacrés autels. Reconnaissons mieux le mérite de notre sainte religion ; il l'eût fait triompher, et ne se serait plu qu'à marcher sur les traces de son père [1].

[1] En 1838, à la Chambre des Pairs (séance du 3 janvier), M. le marquis de Dreux-Brézé, faisant allusion au mariage du prince avec une princesse protestante, exprimait, comme catholique, son regret de cette alliance. Le prince demanda aussitôt la parole, et dit :

« La Chambre me permettra de répondre un mot à ce qu'il y a de personnel dans les paroles que l'orateur vient de prononcer, et je suis heureux de saisir cette occasion pour présenter la question sous son véritable point de vue. J'ai vu inscrite dans notre code fonda-

Je ne connais pas vos sentiments, messieurs, mais j'ose dire que le prince que nous regrettons joignait à toutes ces belles qualités du cœur celles d'une âme chrétienne. Trop peu, peut-être, vous l'avez apprécié ; ne l'attribuez qu'au malheur des temps. Dans sa haute et difficile position il voulait se concilier tout les esprits ; comment douter de ces excellentes dispositions intérieures quand depuis le jour de gloire (1830) son auguste père échappa providentiellement au trépas, quand tant de fois une main sacrilége, pour notre malheur, voulut trancher les jours du roi ? Comment, dis-je, alors, n'aurait-il pas reconnu le Dieu bienveillant qui protége les souverains et les peuples ? comment ne

mental, à la première ligne, la liberté religieuse comme la plus précieuse de toutes celles accordées aux Français. Je ne vois pas pourquoi la famille royale serait seule exclue de ce bienfait, qui est entièrement d'accord avec les idées qui règnent aujourd'hui au sein de la société française. Je crois d'ailleurs, messieurs, que l'application de ce principe, faite à l'occasion de mon mariage, s'allie parfaitement avec les garanties qu'exige la religion de la majorité des Français.

» Et moi aussi je suis catholique ! c'est la foi de mes pères ; j'y suis né, j'y crois et j'y mourrai, toute ma descendance sera élevée dans cette religion. Ce sont là les seules garanties qui puissent être réclamées : je les ai données, et je crois que personne ne peut en demander davantage. »

l'eût-il pas honoré, comment n'aurait-il pas aimé le Dieu qui l'a fait prince?

Non, messieurs, il ne fut point étranger aux pratiques et aux vérités de la religion, il devait l'aimer et il l'aimait. Il avait trop de lumière pour ne pas comprendre qu'elle est tout pour le peuple et que par elle nous sommes tous frères. Nous avons des personnes qui, ne croyant à rien des vérités de la religion, affectent de proclamer publiquement la liberté et sont toujours prêtes à la refuser à quiconque la leur demanderait ; absurdité, mensonge, hypocrisie; rien sans le secours de la religion, par elle nous sommes tous enfants de Dieu, par elle nous devons être libres. Je ne condamne personne, messieurs ; mais quand vous proclamez la liberté, ne la refusez pas ; Français, comme vous, n'y a-t-on pas droit? Soyez juste; quand encore une fois vous la proclamez avec force, ne la refusez pas en offrant des fers ou l'exil. Vous vantez la noblesse de vos sentiments, prouvez-le donc en disant : Nous sommes frères. Point de servitude pour nous, amour à nos ennemis. Le prince, messieurs, l'avait appris, son illustre père lui en donnait l'exemple : imitons-le, et comme lui nous aimerons la vertu ; que notre but soit de trouver dans tout Français je ne dis pas les mêmes sentiments, mais une constante amitié pour tous, et pour notre ennemi un cœur de frère.

Loin de moi la pensée de vous faire croire qu'avec toutes ses belles vertus notre prince était toujours dans les églises! Et ne peut-on croire en Dieu et le servir fidèlement sans y aller tous les jours?

Ne peut-on l'aimer, le chérir et croire enfin à tous ses commandements, et le prouver par des actes de charité et de bienfaisance? n'est-ce pas ce qu'il a fait?

Ne m'est-il pas permis de rappeler toutes ses qualités, de les étendre, de les embellir et même de lui en supposer plus encore? eh! je ne suppose pas, messieurs; je veux au contraire le prouver par des faits qui brillent encore. En 1831, il souscrivait pour 3,000 francs en faveur des veuves et des enfants des combattants de juillet. A Paris, en 1832, au moment de l'invasion du choléra et à la suite de sa visite à l'Hôtel-Dieu, il mit 12,000 francs à la disposition de la caisse municipale, lorsque déjà depuis trois mois il faisait distribuer 2,000 rations de vivres par jour aux indigents. A la même époque, le même fléau s'étant étendu sur Nantes, il envoya aussitôt 3,000 francs; à Lyon 5,000 francs; à Marseille 4,000 francs. Les années suivantes furent également signalées par des dons non moins généreux. Il donna 2,000 francs pour la salle d'asile de Nantes; il consacra 150,000 francs à fonder des bourses à l'école militaire de Saint-Cyr; 50,000 francs aux ouvriers de Lyon sans ouvrage; 20,000 francs en plus pour les indigents de cette ville; 10,000 francs pour ceux de Bordeaux, de Marseille, de Toulouse, de Rouen, de Lille. Eh! je n'en finirais pas, messieurs, s'il fallait que je sois obligé de rappeler ici toutes les sommes plus faibles et beaucoup plus nombreuses; car, remarquez-le bien, la plus faible de celles-ci n'est pas moindre de 2,000 francs, et le chiffre total est certes plus élevé que ne l'était le budget du Prince. Oui, je le répète, ces actes de charité et de bienfaisance sont des preuves certaines qu'il aimait et qu'il croyait en Dieu; et jamais elles n'ont été renfermées dans le cœur d'un homme froid et insensible.

J'ai dit qu'il était vrai croyant et qu'il aimait à relire les saintes Écritures; qu'il me soit permis d'y revenir encore pour une dernière fois. Né chrétien, et croyant aux vérités sublimes du christianisme, son cœur ne pouvait posséder que des sentiments religieux, mais on ne vit point chez lui une affectation vaine et ridicule : professant la religion du fond de son âme, il était loin de blâmer ceux qui approchent souvent de la sainte table.

Plus sincère dans son jugement, et plus croyant qu'aucun de ceux qui commettent de pareils sacriléges, il élevait son cœur et son âme à Dieu et pardonnait ainsi à ces insensés blasphémateurs !

Fidelia omnia mandata ejus, confirmata in sæculum sæculi; facta in veritate et æquitate.

Si nous voulons jeter rapidement les yeux sur celle qu'il nomma son épouse [1], quel heureux choix ne trouvons-nous pas dans notre infortunée princesse ! Qui mieux que cette femme spirituelle et sensible pouvait attirer son attention ? Issue d'une famille aussi noble que charitable, elle devait l'être, et la France n'eût eu un jour qu'à s'honorer de la reconnaître pour leur reine ; mais Dieu, qui lit dans l'avenir, en disposa tout à coup ; il foudroya d'une invisible main les

[1] La princesse Hélène

flatteuses espérances de notre prince, et un seul instant suffit pour les anéantir.

Je touche bientôt au moment où le plus affreux tableau va se dérouler devant nos yeux.

Quel style prendrai-je pour dépeindre cette horrible catastrophe? ou plutôt quel homme, de ses pinceaux, pourrait reproduire la scène qui se passa? Que tout ce qui existe de plus affreux dans l'horreur de la mort passe dans votre imagination, messieurs, et vous n'aurez encore qu'une faible idée de l'accident qui précéda sa dernière heure. Pour moi, je m'arrête à la vue d'un choc aussi terrible.

Laissons à l'histoire tous ces affreux détails, elle redira tout ce qui s'est passé dans cette terrible journée; sa tâche sera facile, mais bien triste à remplir. Ce n'était plus là l'image de la guerre, encore moins des hommes combattant pour la sainte liberté, c'était... c'était... un décret de la Providence devant lequel nous devons tous fléchir.

Oui, mânes saints, fils auguste du grand roi qui nous gouverne, j'en atteste les Français qui m'écoutent et mon cœur qui bat avec force, votre mort est pleurée et elle le sera longtemps encore; oui, ombre vertueuse et pure, j'en atteste le ciel, qui m'entend, et toute la France, qui est couverte d'un voile de tristesse.

Je le dis et le répète avec douleur, messieurs ; la mort du duc d'Orléans fut une grande perte pour nous et pour toute la France ; mais s'il était bon prince, bon père et bon époux, il n'en était pas moins bon frère, enfant obéissant envers le roi, et protecteur fidèle envers tous les sujets. Avec toutes les vertus que vous lui connaissez et que je viens de signaler, il ne manqua point, dis-je, pour prix d'autant de sagesse, d'entrer dans la maison du Seigneur.

L'âme pieuse et belle comme il l'avait, il aura dit avant de mourir : « Venez à mon aide, ô mon Dieu : hâtez-vous, Seigneur, de me secourir[1]. »

Aujourd'hui qu'il goûte un bonheur pur et inaltérable dans le royaume des cieux, nous pouvons dire de lui, à notre tour :

Jouissez donc, ô bon prince, de la récompense que Dieu vous a réservée; que votre auréole brille toujours. Jouissez donc encore une fois du bonheur dont nous sommes tous privés ici-bas! O vous qui vivrez à jamais

* Psaume LXIX, v. 1.

dans notre cœur, priez le Seigneur qu'il veille sur la France !

Espérant de n'avoir plus à redouter une aussi grande calamité, daignez, messieurs, entendre exprimer mes dernières pensées sur la mort du prince. Prêtez encore une fois l'oreille à ma voix plaintive.

Prions Dieu que le règne de notre puissant monarque soit paisible, que nos princes soient toujours aimés et chéris de tous les Français, et qu'enfin le Seigneur, jetant un regard de bienveillance et de pitié sur notre infortunée princesse, fasse descendre sur la famille royale sa sainte bénédiction !

25 août 1842.

Tous les chants ont cessé ; les dieux ouvrent leur temple.
Où vont-ils donc, Seigneur, ces rois que je contemple ?
Vierges, mères, époux, à son char consternés,
Ils vont ensevelir les jours infortunés
    De ce prince digne d'exemple !

Reine, il n'est plus pour nous ce prince généreux ;
Le livre du destin pour lui fut rigoureux !
Laisse épancher ton cœur ; notre perte est amère !
Pleurez, princes, pleurez le sort de votre frère !
    Et nous, citoyens malheureux !

Le flambeau de la gloire a vu briller ses armes.
Je l'ai vu déployer ses talents et ses charmes [2]
Dans les champs ennemis où régnait la terreur.

[1] Sur la mort de S. A. R. le duc d'Orléans, prince royal.
[2] Vainqueur, il aimait à soulager l'ennemi.

A présent, au tombeau ! sur ce séjour d'horreur !
    Reine ! je vois couler tes larmes !

Tes cris et tes sanglots nous font verser des pleurs.
Dans ce siècle terrible où germent les malheurs,
N'entends-tu point la voix d'un pauvre solitaire ?
Oh ! non ; ma voix est faible, et l'enfant du mystère
    Voudrait sur lui semer des fleurs !

Que le cœur est gonflé ! que l'amour a d'appas !
Quand la Parque dérobe et brise sous nos pas
Le rejeton qui naît pour la sage vieillesse,
Tout meurt et tout s'enfuit ; il n'est plus d'allégresse
    Quand devant nous est le trépas.

Et toi, digne soutien que la France révère,
Monarque, qu'on chérit sur l'onde et sur la terre ;
Que ton glorieux nom soit toujours respecté.
Et vous, princes, priez, que Dieu dans sa bonté
    Veille sur vous, sur votre mère !

Près des ruines de Long-Point, août 1842.